GUIDE
DES
ÉTRANGERS,
OU
ITINÉRAIRE
DE LA VILLE
D'ANVERS
ET DE SES ENVIRONS,

AVEC UN PLAN TOPOGRAPHIQUE;

Accompagné d'une Carte en deux feuilles

[illegible]

DU COURS DE L'ESCAUT OCCIDENTAL,

depuis ANVERS jusqu'à l'OCÉAN.

M. DCCC. VI.

GUIDE
DES ÉTRANGERS
OU
ITINÉRAIRE
DE LA VILLE D'ANVERS;
AVEC UN PLAN TOPOGRAPHIQUE.

Publié

Par J. B. DE BOUGE.

A BRUXELLES,
De l'Imprimerie de WEISSENBRUCH, place de la Cour, nº. 1085.

M. DCCC VI.

AVIS.

Il n'a pas encore été publié de plan de la Ville d'Anvers depuis qu'elle est sous la domination française. Celui qui est joint à l'Itinéraire, quoique petit, indique les rues, les principaux édifices, établissemens, monumens publics ; il comprend tous les changemens faits à la Ville et au Port, depuis que la Navigation de l'Escaut a été déclarée libre ; on y a marqué les nouveaux Chantiers de construction de Navires militaires et marchands, les deux Bassins, les nouveaux Quais, et l'Etranger, l'Habitant même de la Ville verront avec plaisir un ouvrage *peu dispendieux*, qui donne le nouveau plan et une description détaillée de tout ce que cette Ville offre d'intéressant et de curieux.

La Navigation de l'Escaut intéresse si fortement le Commerce et la prospérité de cette Ville, qu'on a cru indispensable de faire une Carte séparée, qui présente son état depuis Anvers jusqu'à la mer. (Voyez planches V, VI, et la description). Elle fait partie de l'Itinéraire d'Anvers, et se trouve à la suite de cet ouvrage.

Nota. Les personnes qui s'abonnent pour les Itinéraires de chaque Ville, qui paraîtront successivement, auront une diminution de 10 pour cent du prix ordinaire.

On a adressé deux exemplaires de cet ouvrage à la Bibliothèque impériale, conformément aux lois.

SE TROUVE A ANVERS,

Chez *Grangé* et *Van der Hey*, Libraires ; chez *Tillemans* ; et chez les principaux Libraires des Villes de l'Empire et de l'Etranger.

Prix de l'Itinéraire d'Anvers avec le plan, la description du cours de l'Escaut et les Cartes, 2 fr. 25 cent.

GUIDE DES ÉTRANGERS

OU

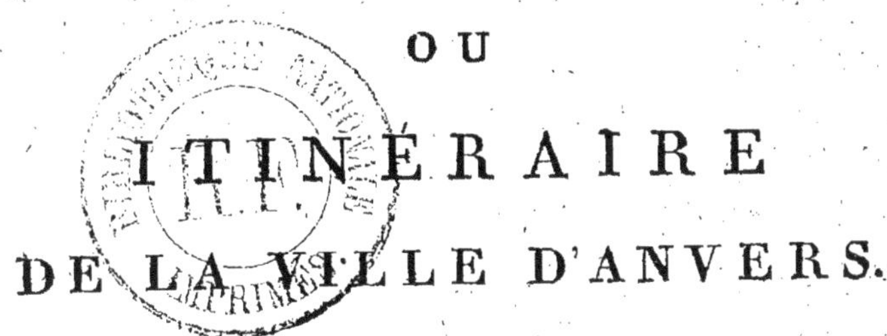

ITINÉRAIRE DE LA VILLE D'ANVERS.

On prétend que l'origine du nom de cette Ville, appellée *Antwerpen* (1), lui vient de la main jettée dans l'Escaut, que *Salvius-Brabon* aurait fait couper au *Géant Antigone*, qui habitait sur les bords de ce Fleuve, et obligeait les passans à lui payer un certain tribut; on ajoute encore, que ce même géant faisait couper les mains à ceux qui s'y refusaient; mais cette étymologie paraît aussi fabuleuse que celle de plusieurs autres Villes. Il est vrai que dans certaines fêtes on voyait autrefois des représentations de Châteaux, la figure d'un Géant; et même les armes de la Ville sont un Château avec deux mains; ce sont les seules pièces parlantes, rapportées à l'appui de cette étymologie.

Anvers est situé sur la rive droite de l'Escaut, au 51° 13' 22" de latitude septentrionale, au 2° 4' 4" de longitude et à 68 lieues N. E. de Paris. Ce n'était encore qu'un simple Château au 8me. siè-

(1) En langage du pays, *Hand* signifie main, et *Werpen*, jetter; on devrait donc, suivant la prétendue étymologie de ce nom, écrire *Handwerpen*, et non Antwerpen.

cle, que le Seigneur Rohing donna à S. Willebrord, Evêque d'Utrecht; à la rive opposée de la Rivière est un Hameau appellé *Tête de Flandre*, qui était autrefois fortifié; ce Fort se nommait aussi *Fort du Trajet.*

La position avantageuse de cette Ville, la bonté de son sol et son Port, où les plus gros navires peuvent aborder sans danger, attirèrent beaucoup d'étrangers et des commerçans qui s'y fixèrent.

Les anciens Ducs, qui faisaient leur résidence à Anvers dans le onzième siècle, accordèrent des encouragemens au commerce; dès-lors sa population s'accrut successivement, au point qu'on fut obligé de l'agrandir, et Anvers devint une Ville. Le premier agrandissement se fit en 1201, sous *Henri I*, Duc de Brabant; le second, sous *Jean III*, en 1314; le troisième, sous *Charles V*, autrement dit *Charles-Quint*, en 1543; le quatrième, sous *Philippe II*, en 1567, et le dernier en 1701 et 1702, sous *Philippe V*, qui fit faire les ouvrages extérieurs. La Citadelle fut bâtie en 1567 par le *Duc d'Albe*, alors Gouverneur des Pays-Bas.

Cette Ville était, avant la séparation des Provinces-Unies en 1597, renommée par son commerce et sa richesse; elle comptait au-delà de 200,000 ames, et était regardée pour la plus peuplée et la plus florissante Ville des Pays-Bas.

Par suite du Traité de Munster de 1648, Anvers perdit tout-à-fait son commerce, et la population diminua considérablement. Ce Traité, lui interdisant la communication directe avec la mer, et fermant par là toute communication, Anvers dut nécessairement cesser d'être Ville commerçante; mais depuis que la navigation de l'Escaut a été déclarée libre par le Traité de La Haye de 1795, cette Ville se ressent déjà de cet avantage, et pourra, dans la suite, reprendre son antique splendeur; plusieurs maisons étrangères de commerce y sont établies; il y existe déjà un Chantier de Marine militaire où des navires sont construits, un Arsenal, un Chantier pour la construction et réparation des navires marchands; on y construit de nouveaux quais, qui seront prolongés depuis le Chantier de Construction de la Marine militaire jusqu'à l'extrémité Nord de la Ville. Deux Bassins, l'un d'échouage, et un autre à flot, y vont être construits pour l'usage du commerce, et les travaux sont déjà en grande activité.

Anvers a eu beaucoup à souffrir par les guerres civiles au 16me. siècle; les Espagnols et les révoltés y firent d'horribles ravages; elle a essuyé plusieurs siéges; entr'autres celui du Duc de Parme, en 1585, est mémorable. C'est dans cette Ville qu'on régla le célèbre Traité des Barrières en 1715, Traité qui avait déjà été arrêté par la grande alliance de 1701; on y tint aussi un Congrès en 1738, pour régler le tarif du commerce entre l'Angleterre, l'Autriche et la Hollande.

Cette Ville était, avant la réunion des Provinces Belgiques à la France en 1794, enclavée dans le Duché de Brabant, et soumise à la maison d'Autriche; elle était la Capitale d'un District, appellé

Marquisat du Saint-Empire, nom qu'il portait depuis 1081, parce qu'il était situé sur les confins de l'Empire et de la France; elle avait un Evêché-Suffragant de Malines, une Cathédrale, une Collégiale, sept Paroisses, deux Abbayes, dix Couvens d'hommes et quatorze de femmes, qui, en 1783--1784, furent, en grande partie, supprimés par l'Empereur *Joseph II*; il y avait un Séminaire qui fut établi, en 1605, par *Miræus*, Evêque d'Anvers.

Anvers a 49,752 toises de superficie, 350 rues, 9,270 maisons, non compris les 600 d'abattues pour l'emplacement du Chantier, de l'Arsenal et de deux Bassins, 20 places ou marchés, 4 portes; celle dite de *Fer* ou de *Croonenborch*, près du Chantier, qui conduisait à Boom, vient d'être supprimée; 38 ponts, dont plusieurs sont couverts, et quantité de pompes à l'usage public, avec une population d'environ 58,000 ames.

Cette Ville est, depuis 1794 qu'elle appartient à la France, le chef-lieu du Département des Deux-Nèthes (1); elle est divisée, avec ses faubourgs, en quatre Justices-de-Paix, et comprend 4 Cures et 10 Succursales dans son Arrondissement; elle est du Diocèse de Malines. Elle comprend une Administration Départementale, — des Domaines, — de l'Enrégistrement, — des Douanes,

(1) Nom qu'il a pris des deux Rivières, la grande et petite Nèthe qui traversent le Département; ces Rivières serviront en partie à alimenter le Canal qu'on projette de faire, pour communiquer l'Escaut à la Meuse.

— des Droits réunis, — Forestière, — de la Loterie, — de la Marine, — Municipale, — du Pilotage, — des Ponts et Chaussées, — des Messageries, — des Postes aux Chevaux, — aux Lettres, — des Poudres et Salpêtres.

Un Conseil de Département, — de Préfecture, — Municipal, — un Tribunal de première instance et de Commerce.

Une Cour de Justice criminelle, — un Comité central de Police, — une Cour martiale de la Marine, — un Dépôt de la Gendarmerie, — un Bureau de Bienfaisance, — cinq Hospices, — trois Hôpitaux, — des Atteliers de Charité, — une Administration des Hospices, — une Direction des Contributions directes, — une Société de Médecine et de Chirurgie, — une Ecole de Médecine, — un Comité central de Vaccine, — une Société d'Emulation des Arts, Sciences, Agriculture, Commerce et Littérature, — un Jardin Botanique, — une Académie de Peinture, Sculpture, Architecture et Mathématiques, — un Musée de Tableaux, — une Bibliothèque publique, — une Chambre de Notaires, — des Sociétés littéraires et de Musique, — des Ecoles primaires, — Pensionnats, etc.

Il y avait précédemment une Chambre d'Assurance qui n'existe plus, mais qui probablement s'établira de nouveau, lorsque la paix générale ranimera le commerce.

ÉTABLISSEMENS,

ÉDIFICES ET MONUMENS REMARQUABLES.

Les principaux sont indiqués dans le plan par des lettres majuscules.

(A) CURE, l'Eglise Notre-Dame (1), ou la grande Eglise, *ci-devant Cathédrale*; c'est un vaste et magnifique édifice d'une architecture gothique; on a travaillé 80 ans à la bâtir; la tour, qui est percée à jour, a 466 pieds de hauteur, 33 grosses cloches et 2 carillons; c'est un de ces monumens rares qui attestent les talens et la hardiesse de nos ancêtres. L'Eglise a été dévastée sous le vandalisme, et vient d'être restaurée d'une manière décente; elle renfermait beaucoup de richesses et les chefs-d'œuvres de Rubens et de Van Dyck : ces derniers se trouvent aujourd'hui au Musée Napoléon.

(B) SUCCURSALE, Saint-Charles, *Eglise des ex-Jésuites.*

(C) SUCCURSALE, Saint-Augustin, *Eglise des ex-Augustins.*

(D) CURE, Saint-Jacques : *on y voit la Chapelle où Rubens est enterré.*

---

(1) Philippe II, Roi d'Espagne, y a tenu, en 1555, un Chapitre de l'Ordre de la Toison d'Or, où il créa 19 nouveaux Chevaliers; on comptait, parmi ces Chevaliers, le Roi d'Angleterre, le Roi de France, le Roi des Romains, le Roi de Dannemarck, le Roi de Bohême, le Roi de Pologne, le Roi de Portugal, et plusieurs autres grands Princes et Seigneurs.

(E) SUCCURSALE, Saint-Antoine, *Eglise des ex-Capucins.*

SUCCURSALE, Saint-Willebrord, *hors ville, près de Borgerhout.*

SUCCURSALE, Merxem, *hors ville, sur la route de Bréda.*

SUCCURSALE, Deurne, *hors ville, sur la route de Turnhout.*

(F) CURE, Saint-André.

(G) SUCCURSALE, Saint-Joseph et Sainte-Thérèse, *Eglise des ex-Carmélites.*

SUCCURSALE, Kiel, *hors ville, près de l'Escaut.*

SUCCURSALE, Berchem, *sur la route de Malines.*

(H) CURE, Saint-Paul, *Eglise des ex-Dominicains.*

(I) SUCCURSALE, Sainte-Anne, *ci-devant la Chapelle des Drapiers.*

(K) HOTEL-DE-VILLE (1), Edifice magnifique; la façade est composée de cinq ordres d'Architecture, les pilliers sont de marbre; il fut construit en 1560 sur les dessins de *Corneille de Vrendt*; la Bibliothèque publique (2) se

(1) Ce bâtiment fut brûlé par les Espagnols en 1546, et rebâti en 1560, tel qu'il est aujourd'hui.

(2) Le Gouvernement en a fait l'abandon à la Ville, l'an XI (1803); elle est composée de 15,000 volumes d'excellens ouvrages, de Théologie, de Jurisprudence, Sciences et Arts, Belles-Lettres et Histoire; il y a plusieurs monumens précieux, entr'autres d'*Aldes*, des *frères*

trouve dans ce bâtiment, ainsi que le Tribunal criminel et de Police municipale.

(L) La Bourse (1), où les Négocians se rassemblent, depuis midi jusqu'à une heure, est un vaste bâtiment presque carré, soutenu par 50 pilliers de pierre bleue sculptés, qui forment une galerie tout autour de la place; au-dessus est le Tribunal de Commerce, dans les salles où la Compagnie des Indes tenait ses Assemblées; l'Académie de Peinture, Sculpture, Architecture et Mathématiques (2), occupe une partie du premier étage; cet établissement fut, pour ainsi dire, le ber-

---

Etienne, *D. Christophe Plantin*, des *Elzevier*, *Cramoisy*, *Coutelier*, etc.

M. Saunier, Conservateur.

Elle est ouverte au Public tous les jours, excepté les Mercredis, Dimanches et Fêtes, de 9 heures à midi, et de 3 heures à 6 du soir.

(1) Ce bâtiment, construit en 1531, fut réduit en cendres en 1583, et rebâti la même année.

(2) Les Anversois ont, de tout temps, montré beaucoup de goût pour les Arts et Sciences, et érigé des Sociétés ou Confréries pour les cultiver; il existait déjà de pareilles Sociétés en 1442; *George Formantel* fonda l'Académie de Peinture et de Sculpture en 1510, et *Philippe IV* lui donna le titre d'Académie Royale en 1663. On y enseigne, publiquement et *gratis*, les principes du Dessin, la Peinture, la Sculpture, l'Architecture et les Mathématiques; il y a une distribution publique des prix deux fois l'année. M. Herreyns en est le Directeur.

Il y a tous les deux ans exposition publique des ouvrages de Peinture, Sculpture, Gravure et Architecture, des Modèles de Machines et autres objets qui tiennent aux Arts mécaniques; la durée de chaque exposition est d'un mois. La 1ère. exposition a eu lieu l'an XIII (1805).

ceau de l'École Flamande ; Rubens, Van-Dyck, Jordaens, Teniers et plusieurs autres Peintres célèbres, en furent les élèves ; elle renfermait plusieurs bons tableaux.

La Citadelle, bâtie par le *Duc d'Albe* en 1567. *Vitello*, Général en chef, en donna le plan, qui fut exécuté par l'Ingénieur *Pacciotti* ; elle a cinq bastions réguliers et contreminés, et 2,500 toises de circuit ; une porte vers la Ville, et une autre de secours qui donne sur les glacis ; la maison du Gouverneur est marquée sur le plan en *a*, l'Eglise de la garnison en *b*, et le Bagne ou Chiourme en *c* (1).

(M) Chantier de Marine militaire et Arsenal (2), situé près de l'Escaut et de la Citadelle, sur l'emplacement de la célèbre Abbaye de Saint-Michel (3), et des maisons adjacentes qu'on a abattues ; on y construit des Vaisseaux, des Frégates, etc.

(N) Chantier de la Marine marchande, *hors la porte de Slyck*, érigé par MM. Danet et Compagnie ; on y construit toute espèce de navires de commerce ; le radoubs et tout

---

(1) Lieu où sont détenus les Forçats ou Galériens ; ils sont employés aux travaux publics.

(2) L'entrée de l'Arsenal et du Chantier n'est permise qu'aux Fonctionnaires publics, et aux particuliers porteurs d'une permission par écrit du chef militaire.

(3) L'Eglise a été bâtie en 900 ; elle était alors la seule Paroisse de la Ville, et l'Abbaye existait depuis 1124.

ce qui entre dans la construction et gréement, sans aucune exception.

Les navires attachés au Port d'Anvers, tels que *Bricks*, *Sloops*, *Smacks*, jaugeant 25,931 tonneaux, sont au nombre de 627, dont 115 d'Anvers, 164 des différentes Communes du Département des Deux-Nèthes, et les autres au nombre de 348, appartiennent à des Communes des Départemens de l'*Escaut*, de *la Lys*, et de *la Dyle*.

(O) Bassins d'échouage et a flot, Magasins et emplacement pour le carénage des navires.

(P) Maison anséatique (1), dite des Osterlings (Oosterhuys); elle a 250 pieds de longueur et 200 de large, avec 3 étages; le rez-de-chaussée servait de Magasin, et les deux autres, qui contenaient 300 chambres, servaient au logement des Négocians. (On la destine à un Entrepôt).

(Q) Hotel de la Préfecture, ci-devant l'Evêché, *rue de la Place Bonaparte*.

(R) Hotel du Commissaire de la Marine, *rue des Prédicateurs*.

(S) Hospice des Orphelines, *rue de l'Hôpital*; on y entretient les Orphelines, depuis 7 ans jusqu'à 20.

---

(1) Les Villes anséatiques firent, en 1241, une association pour protéger leur Commerce : celles de Hambourg, de Bremen et de Lubbeck, firent construire, en 1564, ce superbe édifice.

(T) Hospice des Orphelins, *rue Saint-Roch;* on y reçoit les Enfans des deux sexes ; on apprend aux Garçons un métier pour être placé à la campagne ; les Filles apprennent à coudre et à faire de la Dentelle.

(U) Hospice des Garçons, *Marché aux Chevaux;* on y reçoit des Garçons, depuis 12 ans jusqu'à 18 ; on leur apprend des métiers à pouvoir subsister par eux-mêmes.

(V) Hospice des Insensés, *rue Saint-Roch;* on y reçoit, moyennant une pension modique, les individus de la campagne qui ont le malheur de perdre la raison.

Le bâtiment à côté est destiné pour les Enfans-Trouvés.

(W) Hospice de Terninck (1), *rue des Monnayeurs;* on y entretient des Filles qui appartiennent à des parens honnêtes qui ont éprouvé des revers ; on leur apprend à faire de la Dentelle.

Bureau de Bienfaisance, établi l'an V (1796) ; il distribue les secours à domicile, et délivre aux Indigens les remèdes *gratis.*

L'Hospice, dit la Providence, près la porte de Borgerhout, destiné aux Enfans abandonnés et Orphelins, est administré par cette Commission.

(X) Attelier de Charité, *au Couvent des*

(1) Cet établissement a été fondé par M. le Chanoine *Terninck.*

ex-Récollets ; cet établissement a été fondé en l'an X (1802) , par M. d'Herbouville, Préfet.

On y donne aux Pauvres des deux sexes, jeunes ou vieux, sains ou infirmes, des moyens de gagner leur vie; on y fabrique des tapis de pied, des chapeaux de paille; les Aveugles et Vieillards font des étoupes; ils sont aussi employés à la filature ; cet établissement est confié aux soins de trois Directeurs.

On a construit, aux frais de la Ville, un Musée dans l'Eglise, pour y placer les Tableaux que le Gouvernement lui destine.

(Y) Hopital Sainte-Elisabeth, *rue de l'Hôpital ;* cet établissement est plus ancien que la Ville ; il remonte à l'an 1204. Tous les Indigens malades ou blessés y sont reçus sur un billet signé par les Officiers de Santé de la Section.

Les personnes non indigentes, peuvent s'y faire recevoir en payant une pension. Il y a dans l'intérieur de cet édifice un Jardin botanique, et dans la maison du Professeur de Chimie, un Laboratoire de Chimie, Cabinet de Physique et de Minéralogie.

(Z) Hopital militaire, *au Collége des ex-Jésuites, rue du Prince ;* il fait partie de l'Hôpital de Sainte-Elisabeth ; il est destiné à recevoir 500 Malades des Départemens de la Guerre et de la Marine.

(a) HOPITAL DE SAINT-JULIEN, *rue de l'Etuve*; cette maison a été fondée en 1303, par *Jean Tuclant*, Chanoine, et *Ida van der Lischt*; il est destiné à recevoir des Voyageurs, pour une nuit seulement.

SECOURS POUR LES NOYÉS. Par un arrêté de l'an X (1796), M. Werbrouck, Maire, a alloué des gratifications à ceux qui sauveraient un individu exposé à périr dans les eaux, et a établi des *Boîtes-Entrepôt*, contenant les ustensiles propres à rappeller les noyés à la vie. Ces dépôts sont : *au Werf*, à *la porte de Malines* et à *la porte Rouge* ou de *Bréda*.

(b) CAZERNE DE LA MARINE, *au Couvent des ex-Carmes Déchaussés*.

(c) PRISONS ; il y en a deux, la Prison criminelle, près de l'Entrepôt des Douanes ; l'autre est à la Maison de Correction sur l'emplacement du Bassin à flot, et sera probablement abattue sous peu.

(d) THÉATRE (1) ; il y a Spectacle Français.

(e) BAINS PUBLICS, *sur l'Esplanade*, pour hommes et pour femmes dans deux bâti-

---

(1) Le lieu où est situé le Théâtre était autrefois occupé par un bâtiment nommé *Tapissiers-Pand*, dans lequel on fabriquait ces belles tentures qui étaient si renommées ; on construisit sur le même emplacement une Salle de Spectacle, qui fut brûlée en 1746 ; celle qui existe aujourd'hui est trop peu spacieuse ; on a le projet d'en construire une nouvelle.

Les décorations peintes par d'*Heur*, sont fort belles.

mens séparés ; on y jouit de l'agrément de deux jardins bien distribués, et on y trouve toutes les commodités qu'on peut désirer.

Ces bains ont été établis par *J. F. Vanderveken;* ils sont servis depuis 5 heures du matin, jusqu'à 10 heures du soir en été.

Hors de la saison des bains, il faut faire avertir l'Entrepreneur la veille, rue du Vieux-Coq, N°. 261, afin de les trouver prêts le lendemain.

(f) POIDS DE LA VILLE. Ce bâtiment a été construit en 1547. Au-dessus est le Tribunal civil.

(g) POSTE AUX LETTRES, *place Bonaparte*, M. EYCKHOLT, Directeur.

(h) POSTE AUX CHEVAUX, *rue des Claires*, M. MERTENS, maître des postes.

(i) ECOLE D'EQUITATION, *près de la maison de Hesse.*

(k) MONT DE PIÉTÉ, *rue des Vaches.*

(l) HOTEL DES DOUANES, *place Bonaparte.*

(m) ENTREPÔT DES DOUANES, *dans la ci-devant église de Sainte-Walburge* (1).

(n) PLACE DE MER (2), remarquable par son étendue et la beauté de ses édifices ; il y avait

---

(1) On prétend que cette église appellée anciennement le Burgt, a été bâtie du temps des Gentils, et dédiée à l'*Idole Woden*, Dieu de la Guerre ; on l'a abandonnée à cause de sa vétusté, et fait servir d'entrepôt provisoire.

(2) On assure que dans cet emplacement se trouvait anciennement le bassin du port, et qu'il fut couvert et voûté en 1541.

avant sur cette place un superbe Crucifix de bronze, doré, de la hauteur de 33 pieds, fait en 1635, par *J. Gouthals.*

(o) PLACE BONAPARTE, *ci-devant le Cimetière du Chapitre;* elle forme aujourd'hui une place agréable, plantée de tilleuls et entourée de bornes liées ensemble par des chaînons.

(p) PLACE SAINT-GEORGE, où se tiennent provisoirement les foires.

(q) BOUCHERIE. Les fondemens de la grande boucherie furent jettés en 1500, époque à laquelle les Bouchers commencèrent à y vendre toutes sortes de viandes.

(r) LE WERF *sur le port;* la grue a été rebâtie en 1546.

PARTICULARITÉS.

MACHINE DES BRASSEURS; elle fut inventée par *Gilbert van Schonbeek;* le Canal d'Herenthals lui fournit l'eau, et par le moyen d'un conduit qui côtoie les fossés jusque près de la porte de Bréda, il se rend dans une citerne immense au quartier des Brasseurs, au Nord de la ville : un moulin fait élever 40 seaux d'eau; pendant que 20 de ses seaux vont se remplir, les 20 autres vont verser l'eau dans un réservoir élevé de 70 pieds, duquel elle va se rendre par plusieurs tuyaux dans toutes les brasseries, et dans plusieurs maisons de ce quartier.

LE MOULIN DE CITERNE, (Cisterne-Meulen) *au Nord de la Ville;* il tire son nom d'une porte de la ville, qui existait avant son deuxième agrandissement.

Les Moulins de Saint-Jean ; ils ont été établis en cas de siége.

La Maison du Géant, (Reusen-Huys), *près du Werf* ; elle appartenait aux Chevaliers de l'Ordre Teutonique ; on y voit sur le frontispice, la statue d'un Géant, qui représente vraisemblablement le soi-disant *Géant Antigone*.

La Maison de Fugger, (Függers-Huys) ; *rue du rempart des Tailleurs de Pierre* ; elle a appartenu aux Négocians, dont elle porte le nom, qui étaient les plus riches d'Augsbourg ; Charles-Quint leur avait accordé des priviléges, et ils furent annoblis par Maximilien II. Cette maison est depuis long-temps la propriété d'un particulier de la ville.

La Maison de Hesse, *près du Marché aux Chevaux* ; elle appartient depuis long-temps à la ville.

Le Marché du Vendredi ; c'est sur cette place où se trouve la belle maison de M. Moretus, connue sous le nom de maison de Plantin.

Le Vierschaer, *près la grande Boucherie*, fut autrefois la Cour de Justice criminelle, où se prononçaient les jugemens des crimes capitaux ; il n'est aujourd'hui d'aucun usage.

Tour de Croonenborch, ou porte de fer (1) ;

(1) Cette porte qui conduisait à Boom a été supprimée depuis l'établissement du chantier maritime.

l'Empereur

l'Empereur Othon II fit construire vers 980, une tour fort haute, près de l'Escaut ; elle fut nommée *Croonenborch*, de la Couronne Impériale, que Godefroid III y fit placer en 1145 ; le Duc d'Albe la fit démolir pour qu'elle ne pût servir de retraite aux mécontens.

PORTES DE LA VILLE.

Porte de Slyk, Porte Rouge ou de Bréda, Porte de Kipdorp ou de Borgerhout, Porte Saint-George ou de Malines.

PRINCIPAUX HÔTELS.

Hôtel du Laboureur, *place de Meer ;* Hôtel d'Angleterre, *rue de l'Empereur ;* Hôtel de l'Ours, *place de Meer*; Hôtel du Lion d'Or, *rue des Peignes ;* Hôtel de Brabant, *rue de la Préfecture ;* Hôtel de la Couronne, *près de la Bourse ;* Hôtel de Saint-Antoine, *place Bonaparte ;* Hôtel du Miroir, *Vieux Marché aux Cordes ;* Hôtel du Pot d'Etain, *rue des Peignes ;* Hôtel de la Fleur de Lys, *rue des Peignes. — Il y a par-tout table d'hôte, excepté au Laboureur.*

Restaurateurs.

Restaurateur Français, *place de l'Hôtel-de-Ville ;* Restaurateur Américain, place, *idem.*

Principaux Cafés.

Café de Belle-Vue, *place Bonaparte*, fréquenté par les militaires ; Café du Nord, *place, idem ;* fréquenté par les Officiers de la Marine ; Café des Deux-Frères, place, *idem ;* Café Suisse, *place, idem*, fréquenté par les Négocians, et renommé pour les déjeûners à l'italienne et ses glaces; Café de l'Empereur, *place de Meer.*

Principaux Estaminets.

Le Petit Paris, *au Bierhoft;* — La Couronne, *près la Bourse.* — La Garenne, *au petit Marché.* — La Pomme de Grenade, *près la Bourse.* On trouve par-tout de quoi collationner.

DIVERTISSEMENS PUBLICS.

Il y a Opéra et Comédie pendant les six mois d'hiver ; il est question d'en avoir toute l'année; les Redoutes se donnent depuis le milieu de Décembre jusqu'au Carnaval ; les Bals se donnent pendant le temps du Carnaval seulement.

Il y a à Anvers des Sociétés particulières de Musique, établies par souscription, qui donnent des Concerts (1), des Bals et des Redoutes ; *il faut être présenté par un des Membres pour y être admis.*

Les divertissemens d'été consistent dans les promenades le long de l'Escaut, dans les Faubourgs qui sont très-vivans, et dans les environs, où l'on voit de beaux jardins et des maisons de campagnes très-riches.

SOCIÉTÉS PRIVÉES.

SOCIÉTÉ D'ÉMULATION, *à la Préfecture.*

Elle a été établie l'an IX (1801), et a pour

(1) Les Concerts se donnent à la Salle dite *Sodalité*, dans celles de l'*Alcove*, de la *Comédie* et des *Arquebusiers.*

objet l'Agriculture, le Commerce, les Sciences, les Arts et Belles-Lettres. Les Membres résidans et correspondans ont seuls droit d'assister aux Séances. *Elle tient ses Séances le premier et le 15 de chaque mois.*

Société de Médecine ; elle a déjà publié plusieurs Mémoires intéressans.

Cercle littéraire, *sur la place de Meer.*

Cabinet littéraire, *rue des Tanneurs.*

Société littéraire Allemande, *à la Salle des Polisseurs de Diamans.*

Les étrangers connus et présentés par un des Membres de ces Sociétés, y sont admis.

Il y a à Anvers une Loge de Francs-Maçons.

Cabinets littéraires publics.

Chez MM. Albertier, *rue du Lit;* et M. Carpen, *rue Bonaparte.*

CABINETS PARTICULIERS,

d'histoire-naturelle, physique, antiquité, etc.

Chez MM. de Vinck, Gasproly, Lunden et van Hal.

Tableaux, dessins, etc.

Chez MM. van Lanker, Beckmans, Wolfschot (1), Stevens, Mertens, Maes, van de Ven, ver Hulst, Steenhot, Kersmakers, Myen, Sneyders et Vinck.

On voit encore à Anvers, le superbe Attelier

(1) M. Wolfschot a réuni dans deux Sallons une grande quantité de sujets rares et précieux, qu'il offre aux amateurs.

d'Imprimerie des anciens Plantin (*Plantyn*), ensuite *Moerentorf* ou *Moretus*, d'où sortirent tant de chefs-d'œuvres de l'Art typographique.

ARTISTES CÉLÈBRES ET SAVANS.

Anvers a produit, depuis le quinzième siècle jusqu'à nos jours, au-delà de cent et quatre-vingt Peintres distingués; savoir : 62 Peintres d'Histoire, 36 de Paysages, 25 de Fleurs et Fruits, 7 de Batailles, Siéges, etc., 6 de Marine; plusieurs d'Eglises, Portraits, Fêtes de Villages, Bestiaux, etc. On peut citer entr'autres *Sneyders*, de *Crayer*, *Jordaens*, *Rubens*, *van Dyck*, *Breugel*, les *deux Teniers*, *Seghers*, etc.; plusieurs excellens Graveurs, entr'autres *Edelinck*, *de Balliu*, *de Bruyn*, *van Schuppen*, *Sadeler*, *Ant. van Dyck*, *de Jode*, *de Berghe*.

Elle a produit aussi plusieurs Savans, en Histoire, Littérature, Poésie, Théologie, Biographie, Jurisprudence, Médecine, etc.

Le dix-huitième siècle a fourni plusieurs bons Peintres, Sculpteurs et Architectes, entr'autres MM. *Herreyns*, *Ommeganck*, *Lens*, *van Brée*, *Geerarts*, *Beschey*, *Antonissen*, *François*, *Tassaert*, *de Querteumont*, *Diercxsens*, *de Smet*, *Du Bois*, *Verberckt*, *Verly*, etc.

COMMERCE (1), INDUSTRIE, FABRIQUES, MANUFACTURES.

Une forte partie de son Commerce consiste,

(1) La chambre de Commerce a été créée l'an XI (1803); elle est composée de 15 Membres, qui sont renouvellés par tiers chaque année.

Par un arrêté de l'an IX (1801), le nombre des Agens de change aujourd'hui, en Epiceries et en productions de ses Fabriques ; savoir : Fils à Dentelle, que l'on blanchit supérieurement, Dentelles, Étoffes de Soie, Rubans, Bazins, Futaines, (Dimits); Siamoises, Flanelles, Indiennes, Toiles peintes, Toiles à peindre, Draps, Cotons imprimés, Cotons filés, Fil à coudre, Soie et Poil de Chèvre, Savon vert, Sel, Sucre, Amidon, Salpêtre, Blanc de plomb, Bleu d'azur, Cartes à jouer, Cire blanche, Tabac, Chocolat, Colle, etc. On y travaille beaucoup en Diamans, qui sont renommés.

Il existait autrefois une cour de Monnaie à Anvers; elle fut établie en 1201, on y frappait des pièces d'or, d'argent et de cuivre.

ANCIENNES MONNAIES D'OR DU PAYS.

Souverain, Pistole, Noaille, Croix-de-Malthe, Mirliton, Vertugadin.

---

a été fixé à 20, leur cautionnement à 10,000 francs; le nombre des Courtiers de commerce à 30, et leur cautionnement à 2,000 francs.

Il y a à Anvers plusieurs Banquiers, environ 130 Négocians marquans, 230 Fabricans et Manufacturiers.

Il s'y tient deux Foires dans l'année ; l'une commence le 17 Mai, l'autre le 16 Août, et durent 30 jours chacune. On y vend toutes sortes de Marchandises.

Il y a aussi quatre Marchés de Chevaux, le 26 Février, le 28 Mai, le 3 Septembre et le 17 Décembre.

Les Puissances étrangères qui ont des Agens à Anvers, sont : LA PRUSSE, L'ESPAGNE, LE PORTUGAL, LE DANNEMARCK, LES ETATS-UNIS, L'EMPIRE GERMANIQUE, LES VILLES ANSÉATIQUES et LE MEKLENBOURG.

MONNAIES D'OR QUI ONT COURS (1).

Louis d'or, Ducat impérial, Ducat de Kremnitz, Ducat de Hollande, Guinée.

MONNAIES D'ARGENT DU PAYS.

Ducaton, demi, quart *idem*; Couronne impériale, demie, quart *idem*; Carambole, Navarre, demie *idem*; Escalin, demi *idem*; pièce de cinq Sols, de dix Liards.

MONNAIES D'ARGENT QUI ONT COURS.

Couronne de France, demi, quart, huitième *idem*; pièces d'or de 40 et 20 francs; pièces d'argent de cinq, deux et un franc.

MONNAIES DE CHANGE.

La livre de gros vaut 20 escalins, ou 6 florins de change.

Le florin vaut 20 sols courant, ou 17 sols 1 d. $\frac{5}{7}$ de change.

C'est sur ce rapport de convention que roulent les opérations de change avec Paris.

Les cours de changes d'Anvers au pair, avec les Villes commerçantes d'*Amsterdam*, *Hambourg*, *Londres*, *Lisbonne*, *Cadix*, *Paris*, *Venise*, etc., varient en plus ou en moins, suivant que le change est favorable ou défavorable.

---

(1) On donne toujours un *agio* sur la valeur des espèces d'or; cet *agio* dépend du cours des changes.

DÉPART ET ARRIVÉE DES COURIERS.

Part tous les jours à 9 heures du soir : pour l'intérieur de la France, l'Italie, l'Espagne, le Portugal et l'Allemagne.

Arrive à 6 heures du matin.

Part tous les jours à 6 heures du matin : pour St.-Nicolas, Gand, Lille, Ostende, Dunkerque, Bruges, Bologne, Calais, etc.

Arrive à 7 heures du matin.

Part tous les jours impairs à 6 heures du soir : pour Turnhout, Bois-le-Duc, Tilborg, Eyndhoven, etc.

Arrive les jours pairs à 6 heures du soir.

Part les lundi et jeudi à 6 heures du soir : pour la République Batave.

Arrive en été les vendredi et samedi à 7 heures du soir, et les mercredi à 1 heure après-midi; pendant l'hiver, les mardi, vendredi et samedi dans la nuit, et les mercredi à 8 heures du soir.

Part les mercredi et dimanche à 6 heures du matin : pour toute la Zélande.

Arrive

Part les dimanche, mardi et vendredi, à 6 heures du soir : pour l'Angleterre ; les lettres doivent être affranchies jusqu'à Cuxhaven.

Arrive le matin.

Part tous les jours à 8 heures du soir : pour le Dannemarck, la Suède, la Basse-Saxe, la

Prusse, la Russie, la Hongrie et la Turquie
Arrive le matin.

Les Lettres pour les Etats d'Autriche, la Turquie et l'Angleterre doivent être affranchies jusqu'aux frontières.

Le bureau *place Bonaparte*, est ouvert depuis 8 heures du matin jusqu'à midi, et depuis 3 jusqu'à 6 heures du soir.

Les lettres qui partent le matin doivent être jettées dans la boîte la veille, et celles qui partent le soir, une heure avant le départ.

DÉPART ET ARRIVÉE DES DILIGENCES.

Part pour PARIS du Bureau des Messageries (1), *place Bonaparte*, tous les jours à une heure et demie une Diligence, et passe par Bruxelles.

Arrive tous les jours à 11 heures du matin.

Part pour LIÉGE, du même Bureau et à la même heure, une Diligence.

Arrive tous les jours à 11 heures du matin.

Part pour BRUXELLES, du Bureau des Messageries (2), *près de la Bourse*, tous les jours deux Diligences, l'une à 5 heures du matin, l'autre à 2 heures de relevée, *et vice versâ*.

Part pour BOOM (3), du Petit-Paris *au Sablon*,

---

(1) Il se charge du transport des Marchandises et Effets, etc., pour toute la France.

(2) Il se charge également du transport des Effets et Marchandises pour toute la France.

(3) Il ne part ni n'arrive aucune Diligence, ni Barque les quatre grandes Fêtes de l'année.

tous les jours à 8 heures et demie du matin une Diligence, et ayant traversé l'Escaut entre *Boom* et le *Petit-Willebroeck*, on prend la Barque jusqu'à Bruxelles, *et vice versâ.*

Part pour LOUVAIN, de l'Hôtel d'Angleterre, *rue de l'Empereur*, tous les jours une Diligence, *et vice versâ.*

Part pour GAND (1), de la Tête de Flandres, tous les jours une Diligence, *et vice versâ.*

Part pour MALINES, place de Malines, deux Diligences par jour, *et vice versâ.*

Part pour MALINES, du Pot d'Etain, *rue des Peignes*, tous les jours une Diligence, *et vice versâ.*

Part pour LIERRE, *place de Malines*, tous les jours à 8 heures et demie du matin, *et vice versa.*

Part pour TURNHOUT, les dimanche et jeudi, une Diligence bien suspendue.

Part pour DORDRECHT, GOUDA, AMSTERDAM, ROTTERDAM, et toute la Hollande, de la Poste aux Chevaux (2), *rue des Claires*, une Diligence à l'ouverture des portes, et *arrive*, pendant 8 mois de l'année, d'assez bonne

---

(1) Le Bureau se tient en face du *Bier-Hooft*; il se charge aussi du transport des Marchandises et autres Effets.

(2) Le Maître de la Poste se charge aussi de la conduite de toutes sortes d'Effets, Marchandises, Numéraire, etc. Il correspond de la Hollande, par lesdites Voitures, sur toute la France, l'Allemagne, la Suisse et l'Italie, *et vice versâ.*

heure à ROTTERDAM, pour pouvoir en partir avec la Barque de Delft, et arriver le même jour au soir à LA HAYE.

Part pour ROTTERDAM, de l'Hôtel de Brabant, *rue Bonaparte*, tous les jours à 5 heures du matin, une Diligence.

Arrive à 7 heures du soir.

Part pour ROTTERDAM, de la Cour de Londres, tous les jours, du premier Avril au 30 Septembre, une Diligence.

Part pour ROTTERDAM, par Willemstadt, de l'Hôtel de Brabant, les dimanche, mercredi et vendredi, à 7 heures du matin, une Diligence.

Part pour BERGEN-OP-ZOOM, du même Hôtel, les mêmes jours et à la même heure, une Diligence.

Part pour BRÉDA, du même Hôtel, tous les jours à 7 heures du matin, une Diligence.

Arrive à 6 heures du soir.

MESSAGERIES.

Il y a plusieurs Messagers et Rouliers étrangers qui chargent les Marchandises pour l'intérieur de la France, de la Hollande, et de l'Allemagne; plusieurs prennent aussi du monde.

BATEAUX DE TRANSPORT (1) (BEURT-SCHEPEN).

Part du Port, pour AMSTERDAM, chaque semaine, un bateau.

---

(1) Ces bateaux partent et arrivent régulièrement aux jours ci-dessus indiqués, mais il arrive quelquefois qu'ils sont retenus, soit par les ma-

Du port pour ROTTERDAM, tous les mardi et vendredi.

Du Maeygat pour DELFT et LA HAYE, tous les quinze jours, le mardi.

Du port pour DORDRECHT, les lundi et jeudi.

Du Brouwers-Vliet, pour MIDDELBOURG, point de jour fixe.

De St.-Jans-Vliet, pour BERGEN-OP-ZOOM, le samedi.

Du Zand et du Maeygat, pour GAND ET BRUGES, tous les jours.

Du St.-Peeters-Vliet, pour MALINES, le dimanche.

Du Koorn-Marckt, pour ALOST, toutes les semaines.

Du Maeygat, pour RUPPELMONDE, TAMISE, etc., tous les jours.

Du St.-Jans-Vliet, pour BRUXELLES, les mercredi et dimanche.

Du Vieux-Quai, un autre bateau les mardi et samedi.

Du St.-Jans-Vliet, pour LOUVAIN, les mardi et samedi.

Du Maeygat, pour LOCKEREN, le samedi.

---

rées ou les vents contraires ; ils chargent toutes sortes de Marchandises, et prennent aussi du monde.

Sur ceux qui vont en Hollande, il y a deux places pour les voyageurs; celle où se tient le capitaine se paie davantage. L'on y trouve des lits.

TABLEAU DES POSTES ET RELAIS D'ANVERS (1).

A OSTENDE, par St.-Nicolas, Lokeren, Gand, Eccloo, Bruges et Ghistel 15 ¾ postes.

A BRUGES 12 postes.

A GAND 6 ½ postes.

A BRUXELLES, par Malines, 5 ½ postes.

A MALINES 2 ¾ postes.

A MONS, par Malines, Bruxelles, Hal, Braine-le-Comte, et Castiau 6 ¾ postes.

A NAMUR, par Malines, Bruxelles, Genappe et Sombref, 7 ½ postes.

A LIÉGE, par Malines, Louvain, Tirlemont, St.-Trond et Orey 13 postes.

A LUXEMBOURG, par Bruxelles et Namur 31 postes ¼.

A MAESTRICHT, par Malines, Louvain, Tirlemont, St.-Trond et Tongres 13 ¼ postes.

A AIX-LA-CHAPELLE, par Liége 18 ¾ postes.

Idem, par Maestricht 17 ¼ postes.

AU MOERDYCK, route de la Hollande, par le coin d'Argent et Cruystraete 8 ¾ postes.

A PARIS, par Bruxelles, Mons, St.-Quentin, etc. 42 ¾ postes.

A PARIS, par Termonde, Grammont, Soissons, etc. 43 ¾ postes.

A PARIS, par Gand, Lille, Arras, Peronne, etc. 43 ¾ postes.

TARIF du prix des chevaux de postes et des guides de postillons, 1 fr. 50 cent. pour chaque cheval et par poste, et 75 cent. par chaque postillon et par poste.

---

(1) Les couriers s'embarquent pour passer l'Escaut à la Tête de Flandres, où l'on trouve des chevaux de poste.

ARTICLES OMIS.

CHAMBRE CONSULTATIVE DES MANUFACTURES, ARTS ET MÉTIERS.

Elle est composée de six Membres, et a été établie l'an XII (1804).

CHAMBRE DES AVOUÉS.

Elle est composée de cinq Membres; il y a neuf licenciés plaidant devant les Tribunaux.

ECOLE DE DESSIN ET D'AGRICULTURE.

Elle doit son établissement à M. MESMAKERS, Sous-Préfet; et ses succès à M. ROCHUS, Profess.

VOIERIE.

Toute demande de bâtir ou de réparer, et toutes les affaires de Voierie doivent être adressées au Préfet ou au Maire.

ECLAIRAGE DE LA VILLE.

Pendant l'hiver il y a éclairage, excepté les jours de lune, et depuis le 21 Mars jusqu'au 22 Septembre, il n'y a que demi-éclairage.

Entrepreneur, M. LE PÉCHEUX.

SECOURS AUX INCENDIES.

Les seaux et autres ustensiles pour ce service, sont distribués en différens points de la Ville.

Le Préposé en chef, M. LEFEBVRE.

BUREAU DE VÉRIFICATION DES POIDS ET MESURES.

A l'Hôtel de la Mairie.

M. DE VALMONT, *Inspecteur.*

FABRIQUE DE POIDS ET BALANCES.

Rue de la Houblonnière.

M. WOLSCHOT, *Balancier.*

DESCRIPTION
DU COURS
DE L'ESCAUT OCCIDENTAL,
LE HONT OU WESTER-SCHELDE,

Depuis ANVERS jusque dans L'OCÉAN;

Des ILES

De WALCHEREN et de ZUID-BEVELAND;

Accompagnée d'une Carte en deux feuilles;

Publiée par J. B. DE BOUGE.

LA Carte du *Cours de l'Escaut Occidental*, en deux feuilles (1), est de la dernière exactitude; elle présente l'état du Fleuve dans les plus basses eaux; on y a marqué les passes praticables pour les vaisseaux, où il y a au moins 17 pieds d'eau, les bancs, les terres bourbeuses et les digues qui servent à contenir les eaux, les pays qui l'environnent et ceux submergés successivement par les débordemens de ce Fleuve.

L'Escaut, qui est un des plus beaux Fleuves de l'Europe, n'est aucunement en-

(1) *Voyez* les planches V et VI de l'*Itinéraire des 9 Départemens réunis*.

travé dans la navigation, depuis *Anvers* jusqu'à *Vlissingue;* nulle part on ne trouve une seule pierre, les plus gros vaisseaux peuvent y arriver.

HEURES DES MARÉES.

A Vlissingue, à 1 heure; *Fort de Bathz*, à 3 heures 15 minutes; *Anvers*, à 4 heures 25 minutes.

Ce Fleuve, ayant été déclaré libre par le Traité de La Haye en 1795, la Ville d'Anvers pourra, dans la suite, reprendre son Commerce et recouvrer son ancienne splendeur: il y existe déjà un Chantier de construction de vaisseaux de guerre et un Arsenal; il y a un autre Chantier pour les vaisseaux marchands, deux Bassins pour recevoir les navires, et des Quais sont commencés. La position de cette Ville et la bonté de son Port, lui assurent des avantages que bien d'autres Villes n'ont pas.

Cours de l'Escaut depuis sa source jusqu'à la mer, et noms des Rivières et Canaux qui y affluent.

L'ESCAUT prend sa source au Village de *Beaurevoir*, Département de l'Aisne (ci-devant Picardie), passe au *Castelet*, à *Honnecourt*, à *Cambray*, où il devient navigable ; passe à *Bouchain* ; reçoit la Selle, l'Escaillon ; traverse *Valenciennes*, où il reçoit la Ronelle ; passe à *Condé*, où il reçoit l'Haisne, la Scarpe ; traverse *Tournay* ; reçoit l'Espierre, le Ronne ; traverse *Audenaerde* ; reçoit la Swalme ; traverse *Gand* (1), où il reçoit la Lys, le Canal de Bruges et du Sas-de-Gand ; passe à *Wetteren*, à *Termonde*, où il reçoit la Dender ; reçoit la Durme ; passe à *Tamise*, *Ruppelmonde*, où il reçoit le Rupel, formé de la Nèthe, de la Dyle, de la Senne, et des Canaux de Louvain et de Bruxelles ; passe sous les murs d'*Anvers*, *Lillo*, et se partage en-dessous de *Santvliet* en deux branches. L'une appellée ESCAUT OCCIDENTAL, passe sous *Terneuse*, *Biervliet*, reçoit en grande partie les eaux qui arrosent la Flandre Hollandaise, et va se décharger dans L'OCÉAN, en-dessous de *Vlissingue*. L'autre branche, appellée ESCAUT ORIENTAL, passe près de *Berg-op-Zoom*, *Tholen*, *Goes*, *Zirickzée*, et va se décharger également dans L'OCÉAN, entre

(1) Il a été question d'un projet de Canal qui aurait pris à *Destelberg*, en-dessous de Gand, et qui aurait joint l'Escaut en face de *Thielrode* ; ce qui abrégerait de moitié le trajet entre ces deux Rivières, qui parcourt en serpentant une étendue de 10 lieues. (*V*. Pl. IV).

les Iles de *Walcheren* et de *Schouwen.* Ce Fleuve parcourt, depuis sa source, jusqu'à son embouchure, une étendue de 90 lieues, quoiqu'il n'y ait, en ligne directe, qu'environ 42 lieues de distance entre ces deux points.

L'Escaut Occidental faisait, avant la réunion de la Flandre Hollandaise à la France en 1795, la limite entre la Zélande; aujourd'hui il sépare la France de la Batavie, et la navigation de ce Fleuve est devenue commune aux deux nations.

ILE DE WALCHEREN.

Cette Ile, la plus considérable de toute la Zélande, serait exposée à être submergée par les eaux de l'Océan, sans le grand nombre de digues (1) que l'on y entretient avec soin et à grands frais; l'air y est humide et épais, mais le sol y est en général très-fertile : il produit du bled, des fruits, de bons légumes, et a de bons pâturages; on y cultive avec succès la garance (krapp), qui y est d'une très-bonne qualité.

---

(1) Celle de West-Capelle au Nord-Ouest de l'Ile, est remarquable par sa belle construction et son élévation; elle s'étend tout le long de la côte vers Vlissingue; c'est elle qui met un frein à la fureur des flots de l'Océan poussés par les vents de Nord-Ouest.

Elle renferme 4 Villes, 13 beaux Villages, 2 Forts, plusieurs Châteaux et Maisons de campagne.

MIDDELBOURG (*Voyez* le plan et la description), capitale de l'Ile et de toute la Zélande; elle est fortifiée, grande, belle, riche et commerçante, avec 2 Ports et un Canal, qui communique à l'Escaut et à la mer; les gros vaisseaux y abordent commodément; les édifices publics y sont magnifiques.

RAMMEKENS, ou Zeeburg, Fort bâti par Charles V; il défend l'entrée du port de Middelbourg.

VLISSINGUE (*Vlissingen*), (*Voyez* le plan et la description), Ville fortifiée et commerçante, avec un bon port à l'embouchure de l'Escaut Occidental. Depuis le Traité de La Haye en 1795, il reste en commun aux Bataves et aux Français qui y ont garnison; on y a établi un Bureau de pilotage pour les bâtimens de Commerce et de la Marine impériale, qui remontent l'Escaut.

VEERE (*Ter-Veer*), petite Ville avec un bon Port et un Arsenal; elle fait un grand commerce en poissons; elle a souvent souffert des eaux de la mer.

ARNEMUIDEN, petite Ville autrefois plus

considérable, avant que la mer eût comblé son port : les salines sont ses ressources.

HAAK est un Fort qui sert de fanal aux vaisseaux.

WEST-CAPPEL est un grand Village renommé par ses digues.

ST.-JOOSTLAND, petite Ile séparée de Walcheren par un Canal fort étroit ; elle renferme deux Villages.

ILE DE ZUID-BEVELAND (1).

Cette Ile fait partie de la Zélande ; elle est située entre l'Escaut Occidental et l'Escaut Oriental ; elle n'a qu'une Ville, 32 Villages, et plusieurs Seigneuries.

GOES (*Tergoes*), est le chef-lieu de l'Ile, petite Ville bien fortifiée ; l'entrée de son Port, qui communique à l'Escaut Oriental, est défendue au Nord par deux forts, nommés *Oost* et *Wester-Fort*. Il a deux autres forts, appellés *Oost* et *Zuyd-Oost-Fort*.

---

(1) Cette Ile est une des plus exposées aux vents d'Ouest ; elle a perdu depuis quelques siècles plus de la moitié de son terrain.

ÉPOQUES

DES INONDATIONS REMARQUABLES,

Occasionnées par les débordemens de l'Escaut et les vents de Nord-Ouest.

L'ancienne Ville de *Gasternesse* et plusieurs Villages des environs, furent submergés en 1337.

La Ville de *Biervliet*, autrefois plus considérable, fut séparée du Continent par une inondation en 1377, et plusieurs Villages voisins furent engloutis ; on prétend, qu'avant cette époque, la Zélande faisait un seul et même Continent avec la Flandre, et n'en était séparée que par un petit Canal.

Il y eut encore plusieurs Villages submergés en 1404.

Le Bourg de *Huygersluis* et plusieurs Villages, furent engloutis en 1440.

Le *Vieux-Ostende* et plusieurs Villages, furent ensevelis en 1477.

Une grande partie de *Zuid-Beveland* et les Villages furent submergés en 1530 et 1532.

Les environs de *Terneuse* avec plusieurs Villages, furent engloutis en 1551.

En 1570, toute la Zélande fut, en partie, inondée ; cette inondation s'étendit le long des côtes jusque dans la Frise et le Dannemarck ; l'on fait monter le nombre des hommes qui périrent, à plus de cent mille.

Le territoire de *Saeftingen* et plusieurs Villages, furent submergés, notamment en 1175 (*Voyez* la Carte).

PLAN ITINÉRAIRE D'ANVERS (*ANTWERPEN*) Pl. IV.

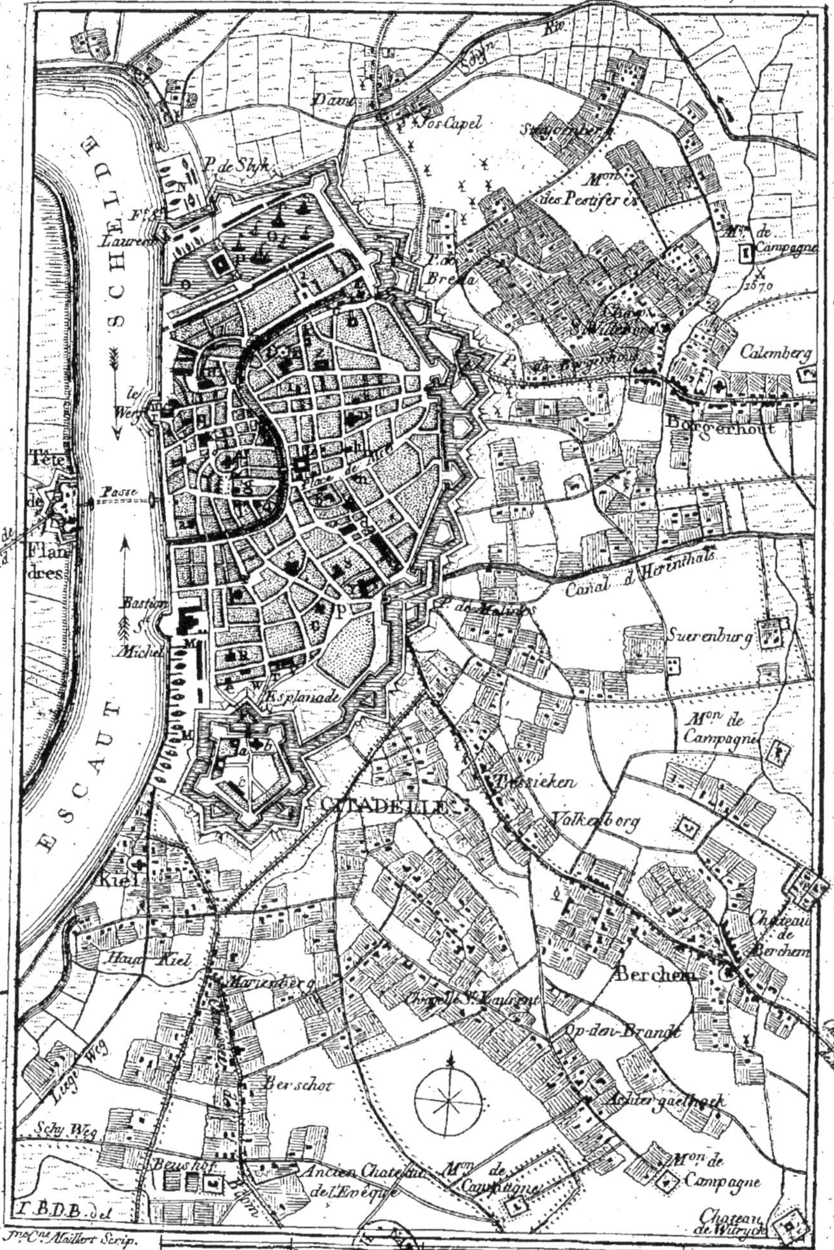

Dam
St. Jos Capel
Stuyvenberg
P. de Slyk
Mon. des Pestiferés
Mon. de Campagne
St. Laurent
Po. de Breda
Chau. St. Willebrord
P. de Borgerhout
Calemberg
Borgerhout
SCHELDE
le Werf
Tête de Flandres
Route de Gand
Passe
Place de Meir
Canal d'Herenthals
P. de Malines
Suerenburg
Bastion St. Michel
Esplanade
Mon. de Campagne
CITADELLE
Tussieken
Valkenberg
ESCAUT
Kiel
Château de Berchem
Haut Kiel
Marienberg
Chapelle St. Laurent
Berchem
Op-den-Brandt
Chaussée de Malines
Liege Weg
Berschot
Achter gaethoek
Schy Weg
Beushof
Ancien Chateau de l'Evêque
Mon. de Campagne
Mon. de Campagne
Chateau de Wilrych

I. B. D. B. del.

Jn. Cne. Maillart Scrip.

½ Lieue

IIme FEUILLE DU COURS DE L'ESCAUT OCCIDENTAL (Pl. VI)

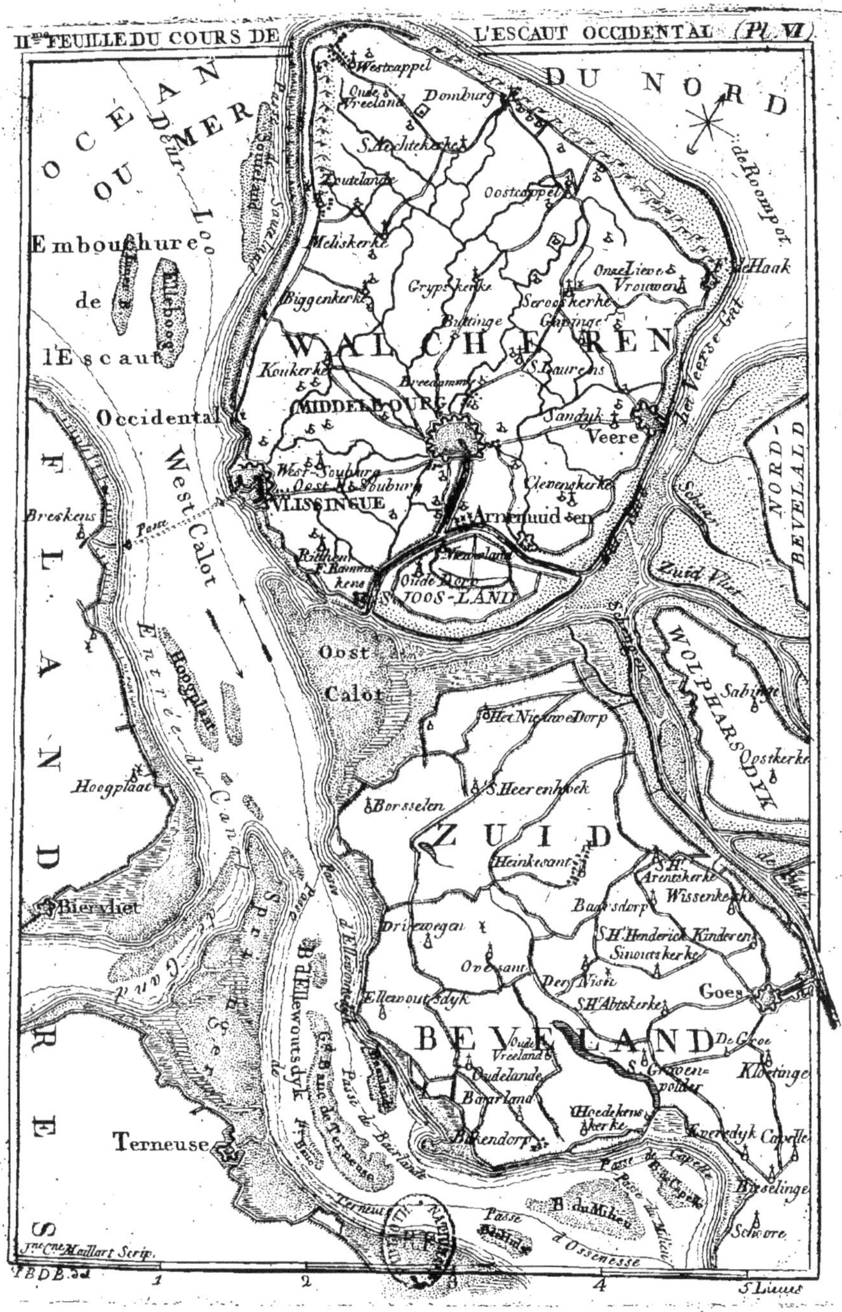

OCÉAN OU MER DU NORD

Embouchure de l'Escaut Occidental

WALCHEREN

Westcappel
Oude Vreeland
Domburg
Zoutelande
Oostcappel
Meliskerke
Biggenkerke
Grypskerke
Serooskerke
Onze Lieve Vrouwen
de Haak
Koukerke
MIDDELBOURG
S. Laurens
Sandyk
Veere
West-Souburg
Oost-Souburg
VLISSINGUE
Clevenskerke
Arnemuiden
Ritthem
Nieuwland
Oude Dorp
SLOOS-LAND

de Roompot
de Veerse Gat
NORD-BEVELAND
WOLPHARSDYK
Zuid Vliet
Sabinge
Oostkerke

Breskens
Passe
West Calot
Oost Calot
Hoogplaat
Entrée du Canal de Gand
Biervliet
Terneuse

FLANDRE

ZUID BEVELAND

Het Nieuwe Dorp
S. Heerenhoek
Borsselen
Heinkesant
S. H. Arentskerke
Wissenkerke
Baarsdorp
Driewegen
S. H. Henderick Kinderen
Sinoutskerke
Ovesant
Dery Visse
S. H. Abtskerke
Goes
Ellewoutsdyk
Oude Vreeland
Oudelande
Baarland
's Gravenpolder
De Groe
Kloetinge
Hoedekens kerke
Bakendorp
Everdyk
Capelle
Biezelinge
Schore

B. d'Ellewoutsdyk
Passe de Baarland
Passe de Capelle
B. du Milieu
Passe d'Ossenesse

Jne Cne Maillart Scrip.

1 2 3 4 5 Lieues

Ire. FEUILLE DU COURS DE L'ESCAUT OCCIDENTAL (Pl. V.)

Hoedekenskerke
Schoore
Passe de Capelle
B. de Capelle
Passe du Milieu
B. du Milieu
Passe d'Ossenesse
B. d'Ossenesse
Kruiningen
Z. BEVELAND
Pays Submergé en 1530 et 1532
BERGEN-OP-ZOOM
F. du Sud
Borgvliet
Krabbendyk
Waerden
Valkenisse
Osseneese
Passe de Welsorden
G.B. de Welsoorden
B. de Waerden
Passe de Waerden
Welsoorden
Kortveen
Woensdrecht
Heynsdyk
F. de Bath
Belhoek
Duivelshoeck
Ile aux Lapins
Banc de Saeftingen
F. Liefk. Rt.
F. S. Martin Rt.
FLANDRES
Pays Submergé
B. E. de Saeftingen
HULST
Moer Vaert
ET
Sandvliet
F. Fredric Hendric Rt.
Berendrecht
Keldrecht
Doel
Lillo
F. Lillo
Canal de Gand
Tromp
F. Lieskenshoek
Verebroek
F. la Croix
F. la Perle
Stekene
S. Gillis
Oorderen
Kemseke
Calloo
F. S. Philippe Rt.
Wilmerdonk
DÉP. DE L'ESCAUT
Vracene
F. Ste. Marie Rt.
Schelde
Beveren
Melsele
Rt. 1667
Oostruweel
t'Vosekot
Swyndrecht
S. Nicolas
Haesdonk
Tête de Flandre
ANVERS
Citadelle

1 2 3 4 Lieues

BIBLIOTHEQUE
ROYALE

www.ingramcontent.com/pod-product-compliance
Ingram Content Group UK Ltd.
Pitfield, Milton Keynes, MK11 3LW, UK
UKHW020957220726
13924UKWH00002B/743

9 782019 909840